"Hooray for Jill Chapin [illegible] lengthy, detailed books c[illegible] captured the great truths of life and learning in just a few pages. I think that a copy of this little book should accompany each birth certificate."

Alan J. Politte, Ed.D.
Child Psychologist
St. Louis, MO

"This would be an ideal handbook to accompany a parenting seminar. Written in a straightforward manner, Ms. Chapin delivers an excellent message!"

Norma B. Johnson, M.S. Principal,
Columbian Elementary School
Omaha, NE

"Incredible piece of work! Too often, empirical data and scientific mumbo jumbo take precedence over the true and clear purpose of one's writing. This material is beautifully written and has great significance without being preachy."

Matt Wunder M.A., Counselor
Lincoln Middle School
Santa Monica, CA

"Parents need to read Jill Chapin's primer on Exaggerated Re-Enforcement. Although the terminology is new, the concept reminds us of a simple, old-fashioned childrearing technique. All modern parents can and should embrace this little book as their guide to effective parenting."

Linda A. Bishop, M.D., F.A.A.P.
Pediatrician
Hyannis, MA

"Finally, a no-nonsense book that places responsibility for children's behavior where it belongs: not on the teachers or the police, but squarely on the shoulders of parents. A simply stated but powerful message that should be delivered loud and clear!"

Officer Joe Analco
Community Relations
Santa Monica Police Department
Santa Monica, CA

“Her terrific writing style is so very readable, Ms. Chapin has wonderful techniques. I only wish more parents would follow them because they would foster greater self-esteem among our children.”

Sherry Resh
Parent Education Instructor
San Diego, CA

“THIS BOOK SHOULD BE A HANDOUT IN EVERY OBSTETRICIAN’S OFFICE IN A SLOT THAT SAYS, ‘READ ME FIRST!’”

Jacki Saylan
Mother of Four
Omaha, NE

"Your book was a pleasure to read. It sends a clear message to parents: "Please take care of your children, don't let society do it for you".

Officer Michael Avila
Juvenile Detective Div.
Los Angeles Police Dept.
West Los Angeles, CA

If You Have Kids, Then Be A Parent!

by Jill Chapin

Illustrated by Nersi Nikakhtar

If You Have Kids, Then Be a Parent!

Published by Studio 4 Productions
Post Office Box 280400
Northridge, CA 91328-0400

Library of Congress Catalog Card Number: 95-67183

International Standard Serial Number: 1-882349-00-8

Printed in the United States of America

Table of Contents

Author's note...

I have sat on the sidelines for too long, sensing one of the major reasons for the fractured condition of today's family but feeling reluctant to speak out. I have finally realized that if I do not at least attempt to be part of the solution then I will, by default, remain part of the problem.

Acknowledgments

...to my mother and my late father, whose loving guidance kept the chain of our strong family values securely linked.

...to my husband Terry, whose casual assumption of my abilities has given me more encouragement than words can express.

...to my dear friend and editor, Vicki Silverman, whose professional expertise enabled me to develop my written voice.

...and finally, to my daughter Hollie, who gives me credibility.

Train up a child in the way he should go; and when he is old he will not depart from it.

PROVERBS XXII. 6

Introduction

Why should you want to read a book that I have written? After all, my background of a B.A. in psychology and 5 years' experience as a counseling assistant in a middle school hardly qualifies me as an expert in the field of child development. While I do count the fact that I am the parent of one delightful young lady, it hardly sets me apart from the millions of other parents on this planet.

Sometimes we need to see a regular parent step forward who has seen and heard enough nonsense about raising children and decided to put to paper what we all inherently know is true. How many of you recall the "good old days" of generations past when children worried about their parents' reactions to anything they did? How did these children know what was expected of them? Keep in mind that the volume of "expert advice" that abounds now did not exist back then. I'll bet these parents practiced (without even realizing it) the logical and almost spontaneous art of exaggerating their expectations to their children. Why not read this primer to parenting and get a glimpse of what's involved in being the parent of a child who brings you great pride and joy.

If you have an underlying suspicion that raising a well-adjusted, well-behaved child depends less on expert advice and philosophy and more on plain old-fashioned common sense, then perhaps you will read this book and wonder why you didn't write it yourself!

Chapter 1

What's Wrong?

Look around you. Do you see children showing disrespect to others, displaying unacceptable manners, or not listening to their parents? I do. I see them at school, at the malls, at the movies and at restaurants. If I suggest that these children learned these behaviors at home, either by example or lack thereof, parents will defensively argue that everybody is looser today. It's in the music, in the movies, on TV. This is all true. It's not as easy to raise children with the kinds of values taught in decades past. Parents today must compete with an onslaught of questionable behavior and language and standards that were virtually non-existent "back then." And let's face it — it's a meaner, tougher world today. We're not as innocent as we used to be. BUT — what about those present-day parents who *have* managed to keep their children on a track that is both old-fashioned in its adherence to wholesome values while simultaneously allowing their kids to be part of the 90's generation?

EXIT
EXIT
POP

There can be many reasons behind their success, but you can bet that they couldn't have achieved so much without using, from very early on, what I consider to be the basic building tool in child-rearing. Is it complicated or difficult to understand? No, it is not. In fact, it's absurdly simple. What's more, most people have once used this tool instinctively and with great success. The parents of responsible, well-behaved children *kept on* using it while too many others let lapse their greatest parenting aid. I call it "Exaggerated Re-Enforcement."

If we take this phrase apart, it looks like this:

Exaggerated-	*unduly enlarged or overstated*
Re-	*a prefix meaning again and again to indicate repetition*
Enforcement-	*the act of obtaining a course of action upon a person, of urging and stressing compliance*

Put it all together and you have the basics for effective parenting: "Overstating again and again a course of action upon a person to urge and stress compliance." This is what Exaggerated Re-Enforcement is all about. It can be positive or negative. Indeed, both are essential to getting your viewpoints across in an obvious, unmistakable way.

If you ever listen to a parent complain about how his teenager has stayed out past curfew *again*, observe the parent sighing or shaking his head or throwing up his hands in defeat, and ask yourself, "Why?" Why is he not getting the message across to his son that he is *never* to miss curfew? The answer to much of this parent's problem seems painfully obvious to me. Why do I say that, you may ask, based only on the above clues? Well, his very defeatist reaction to his child's curfew violation is wishy-washy and implies that he *expects* his son to break curfew again. Do you see any indication that he has standards he expects to be met? I don't. I'll bet he has not been repeatedly stressing, throughout his child's years, EXACTLY what he expects — no if's, and's or but's.

You've heard the phrase, "Begin at the beginning." Let's go back to the early years of parenting and see how easy it is to implement the practice of Exaggerated Re-Enforcement.

Chapter 2

Go For It!

Imagine the ritual of potty training. Can you see yourself clapping with glee and pointing and hugging and dancing and telling everyone how proud you are of your "big girl" after a successful session in the bathroom? This is an appropriate response for a toddler; in fact, it is the easiest, most painless way to modify your child's "elimination" behavior. It is a cornerstone for instilling in your little one the wonderfulness of using a toilet. She will use the bathroom more willingly because recollections of your exaggerated pleasure in this act will evoke fond memories of pride and appreciation. This behavior will soon become a natural part of her routine, and she will eventually use the toilet without any encouragement or praise. You will launch her into this behavior with the successful use of Exaggerated Positive Re-Enforcement.

There will be countless "launchings" ahead. You will praise your child lavishly for looking both ways before crossing a street. You will joyfully acknowledge your child's decision to pet the kitty rather than to hit him. It's so simple. At the beginning, you must make certain that your child knows what you want. Bestowing exaggerated praise to re-enforce good behavior will eventually lead her to realize just what is expected of her. There is a lot to learn in a young life, but all can be made so much easier if you just point the way with exaggerated praise for such things as sharing, honesty, kindness, and cooperation.

Don't think for one minute that exaggerated praise is phony praise. It must be absolutely sincere. Think of it as real, but more so. If praise is needed for further encouragement, then embellishment is not only acceptable, but also necessary to let your child know that she is on the right track.

Let me give you an example. A student once shyly showed me her report card. All the grades were "C's" and at first I didn't react. After all, these are average grades. But she was obviously waiting for a response and I wasn't sure what it should be. I stalled by checking her previous grades and found to my amazement that she had improved from all "F's." I broke into a huge grin, hugged and praised her, and went fairly berserk over her perfectly average report card.

"What did your parents say?" I asked excitedly. She said that they wanted to see all "A's." Now I ask you: Was their response appropriate to that tremendous amount of improvement? I later put together a special award recognizing outstanding academic improvement and had it signed by the principal. The student smiled sheepishly and later told me that it was her favorite thing hanging on her bedroom wall. The big deal made about her "C's" let her know she was on the right course.

If you wait around to show exaggerated praise only for superior achievement, or first place, or the best, you may never get a chance to praise.

Let's face it. Most children will never be the best or the most or the smartest or the cutest. You must use Exaggerated Positive Re-Enforcement as a tool of encouragement to let your child know she is moving in the right direction. She may never reach the highest or the longest but she will go a lot further with your unabashed, excited praise for improvement, or even for effort. For example, your child may not look both ways before crossing the street on the very first try. But if she looks *one* way, praise that and tell her she now must look *both* ways. If you only criticize her errors and fail to recognize her accomplishments, you will most likely instill doubt and apprehension. Exaggerated Positive Re-Enforcement of deeds done well is a stepping stone toward deeds done better.

REPORT CARD
SCIENCE B MATH C+
ENGLISH B- HISTORY B

Chapter 3

Whoa, Wait Just a Minute!

The flip side of Exaggerated Positive Re-Enforcement is, of course, Exaggerated Negative Re-Enforcement. The following is the best example I know of its most successful application.

When a toddler reaches for a pot on a hot stove, what will you instinctively do? You will *rush* over to him and yell, "NO! NO! HOT! Don't touch!!" Your behavior will be so extreme, your voice so high and excited that the baby will probably stop in mid-air to see what the commotion is all about. You may even frighten him, but you *must*, in order to prevent him from hurting himself. And you know that you cannot casually say, "I don't think you should touch the stove. You might get hurt." Your baby will assume that if you don't appear terribly upset or anxious, it probably isn't that hot. Would he be surprised!

The moral to this example: **You MUST let your beliefs be understood in no uncertain terms by your child. Let him know that your values are of the utmost importance, and under no circumstances will you allow him to misunderstand your expectations of him by understating your feelings.**

How you react to such things as dishonesty, stealing, cruelty, and selfishness will determine how far your child will think he can roam from your standards. He will always be "reaching out" to questionable or dangerous or dishonest activities. Your reaction, whether it be extreme or subdued, or somewhere in between, will determine how much leeway your child believes he has. He will gauge your reactions to see how much he can "get away with." How strongly will you react to his drinking while driving? A "Tsk, tsk, don't do it again" will not leave a lasting mark on your child's grasp of the seriousness of such an infraction. This mild reaction is about as ineffective and potentially dangerous as nonchalantly telling your toddler to avoid the hot stove.

Chapter 4

Talk to Me!

Have you noticed that the examples given for both Exaggerated Positive and Negative Re-Enforcements were verbal in nature? Bestowing expensive gifts for good behavior or inflicting punishment for bad is not the kind of exaggeration that is effective in the long run. Indeed, if you find yourself punishing your child on a regular basis for poor behavior or buying gifts too often for good deeds, then something has gone wrong.

Children are very perceptive. They can figure out that gifts can be a quick and easy bribe, and they definitely can see that an impulsive spanking is usually done in the heat of the moment with no forethought. These techniques may work if your child is in close proximity to you, but will they be effective when you are not around? Imagine, for instance, taking your child to the grocery store. You convince her to behave by promising either candy or a spanking, depending upon her actions. Will she behave herself at a later date when she is with her friends at the corner drugstore and no such reward or punishment is assured?

If you are nevertheless sold on gift-giving, then give your child the best gift of all. It will last a lifetime. It is an inner voice guiding her in your absence. It is the whisper in her ear of all of your repeated exaggerations to encourage or discourage. This gift is called a conscience. It is the guidance she craves for the many decisions she must face in her young life. How comforting for her to know that for certain things, there are simply no choices or options. That's a pretty powerful chaperone, wouldn't you say?

Gifts as well as punishments are ineffective voices because they can be too easily silenced if your child feels that the prize isn't worth it, or if she feels the punishment *is*. But she can't turn off that voice called a conscience IF you have effectively implanted in her head throughout the years *exactly* what you expect of her.

You can, however, let her know your expectations *and* have fun at the same time. As an example, my daughter once received all "A's" and one "B" on a report card. I secretly placed a note under the telephone (which she quickly found!), praising her "A" in English. The note directed her to the toaster where she found a note commending her great "A" work in math. These notes were hidden throughout the house, complimenting each "A", until she came to the last one. It was under her pillow, expressing my *greatest* pleasure for her "B" in science. It recognized and appreciated her most difficult accomplishment, and for that I received a great big hug. Since then, she has always known that what I value most is her personal best, whatever it may be.

If you get nothing else out of this book, realize this: Your child wants to *hear* from you. When you take the time to play games with her, for example, or talk to her — be it a casual discussion of a TV show, her science project, or just idle chatter — you are letting her know that she is worth your time and effort. The same is true with praise and admonishment. Gifts and groundings do not convey the feeling that you value her enough to give her your undivided attention by talking (and listening!) to her.

Sometimes, though, you or your child will be too upset or angry to talk. You can, however, develop the habit of writing notes to each other and slipping them under a bedroom door. Writing down feelings gives you the chance to sort them out. Reading a letter you've picked up from behind a closed door gives you the opportunity to react in the privacy of your own space. If you feel that these written expressions of emotions are a bit too dramatic, remember that it is exactly at this point in a communication breakdown that you must use your wits to keep the dialogue going. My daughter and I often communicate in this manner when talking it out doesn't resolve our conflict. Some of our closest moments follow the exchange of these notes.

This is what Exaggerated Re-Enforcement is all about. By responding to your child's behavior and beliefs in exaggerated words and actions that grab her attention, you are keeping her keenly aware that you are always looking *at* her and looking *out* for her.

I cannot stress enough the importance of establishing a clear and open line of communication between you and your child. If you discuss the dangers of talking to strangers while flipping through a magazine, you will not leave your child with the impression that it's terribly important to remember. But if you sit yourself down to her level and look into her eyes and stress the importance of this matter, the memory of your determined face and strong voice will linger. Again, you absolutely must exaggerate and repeat your expectations and set limits in well-defined terms. Let her know, as soon as she can comprehend, your pride in her accomplishments and your disappointment in unacceptable behavior. Material gifts can never compare to the immense satisfaction of having made you proud of her; conversely, being grounded can never equal the devastating feeling of having let you down.

Chapter 5

When? How Much? How Long?

Verbally exaggerating your values to your child is far easier when begun at an early age. This is true for obvious reasons. First, you have a captive audience. Your toddler is completely dependent upon you and wants and needs your company a great deal of the time. Second, exaggeration is what a small child finds most attractive. Just as the child naturally responds to bright colors, loud noises, and fast movements, he will also readily respond to your verbal exaggerations. Third, his world is not beset by as many choices as it will be when he is older. Most of your re-enforcing will revolve around issues that are more black and white than in later years. The gray areas will seep in with time. We know as adults that situations frequently are not so clear cut. But for a very young person, these two easy categories of right and wrong provide enough choice for him to handle.

Gradually your child will learn to recognize those gray areas, and more importantly, so will you. Your young child will be told, for example, that talking to strangers is always wrong; however, at some point in the future, your older child will be allowed to ask an unfamiliar pedestrian for directions when he has gained the ability to better judge people and situations. Similarly, your toddler will be told that he must always tell the truth. When he matures, however, he will be advised that sometimes it is proper to withhold the complete truth (without being dishonest) if it spares someone hurt feelings. For example, if Aunt Margaret gives him an unattractive sweater for his birthday, he should acknowledge her thoughtfulness and not mention her poor sense of style.

Raising a child includes the art of knowing when to gradually adjust the reins of concern and control. Too many warnings and words of caution that restrain your child's need to grow more independent are not going to allow your child to gain self-confidence. Yes, you tell him he is never to chase a ball into the street. But at some point, you will allow him to retrieve it after he has learned to watch out for cars.

With each passing year, you must gradually ease up on some situations that previously called for exaggerated responses. Why? Because, if you don't discriminate between what you're willing to accept and what you will not tolerate, then your exaggerations will diminish in effectiveness. If you react to a messy room or to a jar left open with the same fervor that you do to stealing or to violence, your child will soon realize that you aren't merely exaggerating; you're over-reacting. Your non-discriminating outbursts will cancel out your genuine areas of concern.

Try to prioritize the things that you find most important. It's somewhat of a balancing act to determine what to stress most and what is better left alone. Why fight your son's decision to wear a particular hairstyle? Save your objections for more important things, such as insisting he not go out the night before a big test.

You need to become more flexible by adapting to your child's growing maturity. If you constantly deny him new privileges without investigating the validity for doing so, he will conclude that *everything* is a big deal to you; therefore, *nothing* will stand out to him. Compare your exaggerated outbursts to diamonds: They are more valuable when there are fewer of them. Your child needs guidance and boundaries and limits, but he also needs the freedom to grow because someday he will be making decisions without you. Keep this analogy in mind: A rubber band will bend and stretch far, but it will return to its original position; a twig will not bend or stretch at all, but it will break off completely if too much pressure is applied. Make sure that your relationship with your child maintains the resilience of a rubber band.

Unfortunately, there can be no "how to" book that will tell you exactly when and how much to fine tune your directives to him, as well as your responses to his behavior. But you are far more capable of dealing with these situations if you remain in constant touch with the path you want your child to follow. Recognize your child's maturity level and the circumstances involved at any given time. For instance, wouldn't you agree that a declaration by your twelve-year old that he intends to skip school would be met with a more exaggerated outburst of disapproval than the same pronouncement by your seventeen-year old regarding "Senior Ditch Day?"

There will be instances, however, when the message you want to convey remains as urgently important at age seventeen as it did when your child was twelve. Therefore, a little creativity helps to get your point across while avoiding the impression of preaching. I once attended a seminar about the damage that drug use can inflict upon the brain. I took copious notes, anxious to relay this information to my young teenager, but quickly realized that she would just roll her eyes during my "lecture." I altered my plan by directing the entire message to my husband, telling *him* my shocking discoveries. I never once glanced at my daughter, but I caught her wide-eyed expression from the corner of my eye. “Overhearing” this conversation allowed her the opportunity to digest it without feeling the suffocation of an over-protective mom.

Exaggerations must necessarily diminish in time. You will still be a guiding force to your child, but your expressions may move from the verbal to a more subtle form of communication, such as a nod of approval, a smile, a frown of disapproval, or a shake of your head. These delicate distinctions will become more obvious to your child as he becomes old enough to catch them. But in the early years, your youngster is not capable of such subtlety. His attention span is short and thus, you must repeatedly exaggerate to make yourself noticed, heard, understood and remembered.

Chapter 6

Hang in There!

Raising your child to develop healthy values is a 24 hour-a-day job. It is certainly easier to instill these qualities of excellence when she is very young, for as she gets older, everything you taught and preached and emphasized will be questioned and attacked by peer pressure — a *very* strong threat to everything you've worked so hard to achieve. If a strong value system is not firmly set by middle school years, your chances of steering your child through this tumultuous stage will be severely challenged.

You will be sorely tested. *Don't give up!* At no other time will you be repeating yourself by re-emphasizing and re-stating all that you've said before.

NSU

Statements such as "I never raised you to behave like that," or "Not in *this* family we don't" may be repeated frequently by you. If you have laid the groundwork by teaching her early and consistently and lovingly, you will still be able to exert more influence over her than her peers. Though your child may be torn between your seemingly boring, old-fashioned values and her friends' exciting alternatives, DON'T give in to things that go against everything you hold dear. You yourself will be bombarded with pressure tactics such as "Everybody does it," or "Nobody has to do that," or "Her parents let *her* do it." You know how you must respond to these kinds of announcements. Although it will be anything but easy, just tell your child what is allowed in your household and what is not.

Your success in getting your feelings across to your child can be tremendously enhanced, however, if you couple your Exaggerated Re-Enforcements with reasons. You will be surprised how understanding children can be if you give them an explanation for your decision. Eighth graders at my middle school, for example, were quite upset when they learned that riding in limousines to their graduation dance was absolutely forbidden. They felt that such a school policy was very unfair, until I explained to several students that it was inappropriate for fourteen-year-olds because those who could not afford one would feel uncomfortable. Not only did they quickly accept our point of view, but several actually adopted it themselves.

It also helps to soften your restrictions with the acknowledgment that you trust *your* child but not the uncontrollable factors surrounding him. Your son may want to drive a long distance late at night through an unsafe neighborhood. Take the time to let him know that you consider *him* to be a safe driver but are nevertheless extremely uncomfortable with his late night itinerary. You might be surprised how he may back down from an open confrontation to a begrudging acceptance of your decision.

By high school, believe it or not, your hardest work should be behind you, *IF* you have been working diligently throughout your child's younger years. You will have established the foundation from the time he was a toddler, and you should basically be on "maintenance" with fine tune-ups along the way. You will always be there to stay the course, but with *your* values firmly embedded in his head, an emphatic reminder should be sufficient to get your point across.

I'll bet you're shaking your head, thinking, "This is ridiculous. Everyone knows that the teen years are the worst." Well, I've got news for you. There *are* parents who find high school years the most enjoyable time spent with their child. The reason is that they are reaping the fruits of their labors. And whether you've done your homework or not, consider this: By high school, your teenager's ideas about right and wrong, about what is acceptable and what is not, will be pretty much settled in his mind. Will they be *your* values?

Chapter 7

It's Up to You!

As you guide your child through life's dizzying array of choices, it should be apparent by now that you must clearly outline your expectations of him. Remember *you* are the grown-up, *you* are the parent, and *you* are in charge. You are not your child's friend. He already has peers. He needs someone he can look up to and admire. You are his caretaker. If he doesn't find direction from you, his friends will provide it. Are you prepared to entrust your child's value structure to his friends? What kinds of parents do his friends have? Don't hand over control to strangers!

The premise of this book assumes that you not only know your own values, but that they also generally reflect those of the society in which you live, such as honesty, hard work, pride in accomplishment, and consideration of others. While no one pretends that we always embrace these ideals completely and at all times, it should be assumed that these are some qualities for which we all strive. This book also assumes, of course, that you love your child and want to spend your life guiding and nurturing him. Does this sound ridiculously obvious? Well, the irony is that childrearing, the most challenging job in the world, *should* be approached at a very elementary level. Don't complicate what is essentially a pure relationship between parent and child. If you feel obliged to always refer to the latest theories in raising your own child, you could end up sacrificing your natural responses, which all too often can be the best of all.

Raising a happy, healthy, responsible child is the most demanding of endeavors. Because there are so many opposing forces operating to steer you off course, you must be armed with every bit of stamina and will-power to cope with the long road you must travel. Therefore, can you imagine effective parenting without Exaggerated Re-Enforcement to sustain you along the way?

Each generation is supposed to pass on its traditions, anecdotes and values to its offspring. However, sometime in the last generation, too many parents allowed this rite of passage to slip away. Perhaps they felt that their families' code of ethics was too constraining and adopted a more passive attitude toward caring for their young. The result was that the chain has been broken and the children of these parents don't have a clue about what is expected of them. If it's true that you can't know where you're going if you don't know where you've been, then it's no surprise that these children will have no idea what values they should impart to *their* children.

Therefore, to ensure a smooth transition of values passing from one generation to the next, **it is absolutely, positively imperative that you determine what you believe is right and wrong. Then make sure that your beliefs are *clearly* passed on to your child.**

When you use Exaggerated Re-Enforcement, you will be impressing upon your child the values of our past and the potential of our future. You will be giving the two priceless treasures that every child needs: roots and wings.

"¡Bravo, Jill Chapin! Contrario a algunos psicólogos, que han escrito demasiado largos y detallados libros sobre la crianza de niños, ella ha captado las grandes verdades de la vida y el conocimiento en sólo pocas páginas. Yo creo que cada certificado de nacimiento debe ir acompañado de un ejemplar de este librito."

Alan J. Politte, Ed. D.
Psicólogo Infantil
St. Louis, MO.

"Los padres necesitan leer este manual sobre el REFUERZO EXAGERADO escrito por Jill Chapin. Aunque la terminología es nueva, el concepto nos recuerda una técnica fácil y antigua de cómo criar niños. Todos los padres modernos pueden y deben adoptar este librito como su guía de una manera efectiva de criar hijos.

Linda A. Bishop, M.D. F.A.A.P
Pediatra
Hyannis. MA

"¡Felicitaciones, señora Chapin! Este es un folleto pequeño en tamaño, pero grande en contenido. Enseña en forma clara y verdadera como criar niños. Es una gran ayuda para los padres."

María Herminia Daza
Maestra de primaria
Quito, Ecuador

"¡POR FIN! Un libro sin disparates que pone la responsabilidad de la conducta del niño donde pertenece: no en los maestros ni en la policía, sino sobre los hombros de los padres. ¡Un poderoso mensaje sencillamente expresado que debe entregarse en voz alta!"

Joe Analco, oficial de la Policía
Relaciones de la Comunidad
Departamento de Policía de Santa Monica,
Santa Monica, CA

"Este libro debe ser distribuido en cada oficina de partero, bajo un letrero que diga: ¡LEAME PRIMERO!"

Jacki Saylan
Madre de cuatro
Omaha, NE

"Este extraordinariamente comprensible libro de la señora Chapin es el más apropiado mensaje a los padres que jamás he leído.Breve y directo, este libro comprueba que menos es más."

William M. Friedman, PH.D.
Educación Especial
Creve Coeur, MO

"Es un libro magnífico! Va al punto y es muy práctico. Communíca un punto de vista balanceado que combina valores 'antigúos' y valores 'modernos'. Regresa la confianza a los padres de familia al saber que siempre han sabido como ser padres."

Margarita Múniz, M.S.W.
Terapista de niños
Los Angeles, CA

"Este libro manda un mensaje muy claro a los padres de familia, de cuidar de sus hijos y no esperar que la sociedad lo haga por ustedes".

Officer Michael Avila
Juvenile Detectives Div.
Los Angeles Police Dept.
West Los Angeles, CA

"Jill Chapin efectivamente y sencillamente recalca en este libro para todos los padres, lo importante que es reconocer o alabar comportamientos positivos en nuestros hijos. Por medio de la coneccion emocional que unio tiene con sus hijos, Jill Chapin explica que padres pueden mejorar la relación y diciplina con sus hijos.

Joseph A. Soto, M.S.
Executive Director
Latino Resource Organization, Inc.
Santa Monica, CA

¡Si Usted Tiene Niños, Entonces Sea Un Padre!

por Jill Chapin

Ilustrado por Nersi Nikakhtar

Traducción por Carmen A. Paz

Consultor de idioma: Jacqueline Salas

**¡Si Usted Tiene Niños,
Entonces Sea Un Padre!**

Impreso por Studio 4 Productions
Post Office Box 280400
Northridge, CA 91328

Library of Congress Catalog Card Number: 95-67183

International Standard Serial Number: 1-882349-00-8

Impreso primera 1995

Impreso en los Estados Unidos de América

Table of Contents

Nota de la autora...

Yo he estado observando y pensando por mucho tiempo en la razón principal de la desintegración del círculo familiar hoy en día, pero sin decidirme a hablar de ello. Finalmente he comprendido que si ni siquiera trato de ser parte de la solución, entonces por callarme, permaneceré siendo parte del problema.

Reconocimientos

...para mi madre y mi difunto padre, cuya guía amorosa mantuvo firmemente enlazada la cadena de fuertes valores de nuestra familia.

...para mi esposo Terry, cuya generosa suposición de mis habilidades me ha dado más estímulo de lo que pueden expresar las palabras.

...para mi estimada amiga y editora Vicki Silverman, cuya experiencia profesional me facilitó desarrollar la voz de mi pensamiento.

...finalmente, para mi hija Hollie, que me da credibilidad.

Instruye al niño en su camino, y cuando sea viejo no se apartará de él.

PROVERBIOS 22: 6

Introducción

¿Por qué quisiera usted leer un libro escrito por mi? Después de todo, mis antecedentes limitados a un bachillerato en psicología y cinco años de experiencia como Consejera Asistente en una escuela secundaria, apenas me califican como experta en el campo de la educación infantil. Aunque también cuento con el factor de ser madre de una encantadora jovencita, eso tampoco me distingue entre millones de padres en el mundo.

Sin embargo, a veces necesitamos ver a un padre común, que ha visto y oído bastantes tonterías acerca de como criar los hijos, dar un paso adelante y decidirse a escribir lo que por instinto reconoce ser cierto. ¿Cuántos de ustedes recuerdan "los buenos tiempos" de pasadas generaciones, cuando los niños se preocupaban de la reacción de sus padres por cualquier cosa que ellos hicieran? ¿Cómo sabían esos niños lo que se esperaba de ellos? Tengan en cuenta que la cantidad de *consejos expertos* que abundan hoy no existían entonces. Yo apostaría que esos padres practicaban, sin saberlo, el lógico y espontáneo arte de exagerar sus expectativas de la conducta de sus hijos. ¿Por qué entonces no leer este librito acerca de cómo ser padre, y de lo que se necesita para criar a un hijo de quien usted pueda sentirse feliz y orgulloso?

Si usted sospecha que criar un hijo bien adaptado y de buenos modales depende menos de un consejo experto y de filosofías, y más de la aplicación de ideas y conceptos de sentido común al estilo de otra época, tal vez al leer este libro usted se asombrará y se preguntará por qué no lo escribió usted misma.

Capítulo Uno

¿CUAL ES EL PROBLEMA?

Mire a su alrededor. ¿Ve usted a niños faltándole el respeto a los demás, exhibiendo una conducta inaceptable y no poniéndole atención a sus padres? Yo sí. Los veo en la escuela, en los centros comerereciales, en los teatros y en los restaurantes. Si yo sugiriera que estos niños aprendieron este comportamiento en sus hogares, ya sea imitando ejemplos o por falta de ellos, algunos padres se pondrían a la defensiva, alegando que hoy en día todo el mundo es más liberal. El relajamiento moral se nota en la música, en las películas, en la televisión. Es cierto. Hoy en día no es fácil criar hijos con los mismos valores que nos criaron a nosotros. En la actualidad los padres tienen que luchar contra el ataque violento de un comportamiento reprobable, con un lenguaje y normas que, sin duda, no se usaban antes. Hay que admitirlo, el mundo de hoy es más rudo y vulgar. No somos tan inocentes como éramos antes. PERO, ¿qué decir de los padres que a pesar de todo, han podido mantener a sus hijos en un

camino que es a la vez anticuado en cuanto a su adhesión a sanos valores, mientras que simultáneamente les permiten ser parte de la generación de los noventa?

3

Pueden haber muchas razones detrás del éxito de estos padres, pero usted pudiera apostar que ellos no habrían logrado su propósito sin haber usado con sus niños, desde muy temprana edad, el principio que yo considero ser el ingrediente básico en la crianza de los hijos. ¿Es complicado o muy difícil de entender? No, no lo es. Por al contrario, es absurdamente sencillo. Además, casi todo el mundo ha usado este ingrediente instintivamente alguna vez y con mucho éxito. Los padres de niños responsables y bien educados *siguieron* usándolo, mientras que muchos otros abandonaron su uso, perdiendo con ello el mayor apoyo que tenían en su labor de padres. Yo le llamo a ese ingrediente REFUERZO EXAGERADO.

Si separamos esta frase se pudiera leer de esta manera:

Re	*prefijo que se añade a una palabra para indicar repetición*
Fuerza	*potencia capaz de obrar sobre algo o alguien. El acto de obtener un curso de acción sobre una persona insistiendo enfáticamente en su acatamiento*
Exagerado	*aumentado excesivamente, agrandado*

Junten las palabras de nuevo y ahí tienen ustedes el ingrediente básico para estructurar la educación de sus hijos y realizar su labor de padres con efectividad: REFUERZO BASICO — Declarar e insistir repetidamente un curso de acción sobre una persona, exigiendo enfáticamente su acatamiento.

Es en esto, sencillamente, en lo que consiste el REFUERZO EXAGERADO.

El REFUERZO puede ser positivo o negativo. Verdaderamente los dos son esenciales para comunicar sus puntos de vista de una manera clara y sin ninguna equivocación.

Probablemente alguna vez usted habrá oído a un padre quejarse de que nuevamente, su hijo adolescente ha roto la norma familiar quedándose en la calle hasta altas horas de la noche. Usted también habrá visto a este padre suspirar, sacudir la cabeza y agitar los brazos en el aire en un gesto de frustración y vencimiento. Y usted se habrá preguntado: "¿Por qué? ¿Por qué este padre no ha sido suficientemente firme en hacer que su hijo entienda que *debe* cumplir con el horario que se le ha impuesto?" La respuesta al problema de este padre es muy clara para mí. Ahora usted se preguntará por qué digo esto, basándome solamente en el ejemplo citado. Pues, simplemente, porque

esa reacción de derrota por parte del padre ante la infracción del hijo es muestra de debilidad, e implica que el padre *espera* que su hijo continúe desobedeciendo las reglas familiares en cuanto a la hora que debe volver a casa. ¿Observa usted alguna indicación en la actitud del padre que le haga pensar que él tiene normas formales y que espera que su hijo las cumpla? Yo no. Yo apostaría que este padre a través de la edad de su hijo, nunca ha puesto énfasis repetidamente en hacerle saber al niño lo que EXACTAMENTE se espera de él. No en términos de "Si tú...", o "Y si..." o, "Pero...". Usted ya ha oído la frase: EMPIECE AL PRINCIPIO.

Regresemos a los años tiernos en la crianza del niño, y veamos qué fácil es implementar la práctica del REFUERZO EXAGERADO.

Capítulo Dos

¡ARRIESGUELO TODO!

Imagine usted la repetida molestia de enseñar a un niño a ir al baño. ¿Puede usted verse dando palmadas de júbilo, señalando a su hija, abrazándola y bailando con ella, mientras declara ante todos que está orgullosa porque "su niña buena" ha tenido éxito en su visita al baño? Esta es una respuesta apropiada para una criatura de dos o tres años de edad. En realidad es el método más fácil; el modo más simple de modificar el comportamiento de "eliminación" de su hija. Es algo fundamental, de primera importancia, en el empeño de inculcar en su pequeña lo maravilloso de usar el excusado. Ella volverá al baño voluntariamente porque recordará el placer exagerado que demostró usted ante su buena conducta, y porque esto le hizo sentirse orgullosa de sí misma y apreciada. Esta conducta de su hija pronto se convertirá en un acto natural y rutinario, sin necesidad de que usted la estimule o la elogie. Usted habrá iniciado el buen comportamiento de su hija con éxito mediante el uso del REFUERZO

EXAGERADO POSITIVO.

Habrán muchas <u>iniciaciones</u> más adelante. Usted colmará de halagos a su hija por mirar a los dos lados de la calle antes de decidirse a cruzarla. Usted reconocerá con agrado que su hija acaricie a un gatito más bien que darle un golpe. Es muy fácil. Al principio del entrenamiento usted tendrá que asegurarse de que su hija sabe lo que usted quiere. El otorgarle un elogio exagerado para reforzar el buen comportamiento, tal vez causará que su hija se de cuenta de lo que exactamente usted espera de ella. Una criatura tiene mucho que aprender en la vida, pero usted puede hacerle el aprendizaje más fácil si usted le indica el camino a seguir, apoyándole con un elogio exagerado por cosas simples tales como ser generosa, honesta, bondadosa y cooperativa.

No piense ni por un minuto que el elogio exagerado es un elogio falso. El elogio debe ser absolutamente sincero. Piense en el halago como verdadero, y más aún, si el elogio es necesario para animarla más, entonces la exageración del elogio no sólo es aceptable sino necesario para dejarle saber a su hija que ella está siguiendo un buen camino.

Déjeme darle un ejemplo. Una vez una estudiante me enseñó con gran verguenza sus calificaciones

SCIENCE B MATH C+
ENGLISH B-

escolares. Todas las notas eran "C". Al principio no reaccioné. Esta calificación es común. Pero era obvio que ella esperaba una respuesta de mi parte, y yo no estaba segura de la que debía ser. Entonces revisé en su expediente las calificaciones anteriores y descubrí, para mi sorpresa, que ella había mejorado sus notas de "F". De repente, con una amplia sonrisa, la abracé y elogié su esfuerzo, haciéndole saber el gusto que me daba ver el cambio de nota en su reporte escolar. "¿Qué te dijeron tus padres?" le pregunté entusiasmada. Ella me contestó que sus padres querían ver solamente calificaciones de "A" en sus reportes. Ahora yo le pregunto a usted: "¿fue apropiada la respuesta de estos padres al notable mejoramiento de su hija?" Oportunamente yo preparé un premio especial para reconocer su esfuerzo e hice que la directora de la escuela lo firmara. La estudiante sonrió tímidamente. Más tarde me contó que el premio era su objeto favorito y que lo había colgado en la pared de su recámara. Indudablemente el ruido que yo hice acerca de sus notas de "C" le hizo saber que ella seguía un buen camino.

Si para dar elogios exagerados usted espera solamente por hazañas extraordinarias, por un primer lugar o por algo muy especial, usted tal vez nunca tenga oportunidad de elogiar. Seamos realistas. Muchos niños nunca llegarán a ser los

mejores, o los más inteligentes o simpáticos. Usted deberá usar el REFUERZO EXAGERADO POSITIVO como un factor de estímulo para dejar saber a su hija que lo está haciendo bien. Tal vez su hija nunca alcance la cúspide de sus expectaciones para ella, pero sin duda, ella llegará más lejos animada por el entusiasmo que usted demuestra ante su éxito o sus esfuerzos por alcanzarlo. Por ejemplo, su niña quizás no mire a los dos lados de la calle antes de cruzarla sola por primera vez. Pero si ella mira a *un lado*, alabe esto y dígale que la próxima vez deberá mirar a *los dos lados*. Si usted se limita a criticar los errores sin reconocerle los méritos, usted probablemente le inculcará duda y temor. El uso del REFUERZO EXAGERADO POSITIVO por los éxitos alcanzados es el paso adelante para el logro de mayores éxitos.

Capítulo Tres

¡DETENGASE! ¡ESPERE UN MOMENTO!

El lado contrario del REFUERZO EXAGERADO POSITIVO es, por supuesto, el REFUERZO EXAGERADO NEGATIVO. El siguiente es el mejor ejemplo que conozco de su aplicación con mayor éxito.

Cuando un niño pequeño, de dos o tres años de edad, trata de tocar la olla sobre la estufa caliente, ¿qué haría usted instintivamente? Usted *correría* hacia la criatura dando gritos de: "¡No! ¡No la toques! ¡Está caliente!" Su comportamiento en esta situación sería extremo. Usted no hablaría, sino gritaría y su excitación sería tal que el niño se detendría a medio camino para saber que ha causado tal conmoción. Quizás el niño hasta se asuste, pero usted *tiene que hacerlo* para evitar que el niño se lastime. Usted sabe que en una situación así no se puede actuar en forma casual y decir: "Yo creo que no debes acercarte a la estufa. Puedes quemarte." Su pequeño pensará que si

usted no está alterada, o parece muy preocupada, es porque la olla no está tan caliente. ¡Qué sorpresa se llevaría!

La lección de este ejemplo es la siguiente: **usted TIENE que hacer que su hijo entienda sus opiniones sin duda. Déjele saber que sus valores son de máxima importancia, y que bajo ningún pretexto usted le permi-tirá contravenir su expectación de él, ni tener en poco sus conceptos.**

De la reacción suya en situaciones de deshonestidad, robo, crueldad o egoísmo por parte de su hijo, dependerá hasta qué punto él piense que puede transgredir las normas establecidas por usted. El siempre intentará lo cuestionable, lo peligroso, y tratará de mezclarse en actividades deshonestas. La reacción suya, ya sea resuelta, sumisa o intermedia, determinará el campo de acción de su hijo. El medirá sus reacciones para comprobar hasta donde él puede llegar y salirse con la suya. ¿Con qué intensidad reaccionaría usted al enterarse de que él ha estado conduciendo el auto después de haber tomado bebidas alcohólicas? Un simple "no vuelvas a hacerlo" no dejaría una marca perdurable en la mente de su hijo en cuanto a la seriedad de tal infracción. Una reacción moderada en estos casos es tan ineficaz y

potencialmente peligrosa como la advertencia casual a su pequeño de que no debe tocar la estufa caliente.

Capítulo Cuatro

¡HABLAME!

¿Ha observado usted que los ejemplos presentados para el REFUERZO EXAGERADO tanto Positivo como Negativo son de índole verbal? Premiar con regalos el buen comportamiento o imponer castigos por mala conducta no es el tipo de exageración efectiva duradera. Si usted tiene que comprar regalos continuamente o castigar con frecuencia a su hijo por su buena o mala conducta, entonces hay algo que usted no está haciendo bien.

Los niños son muy receptivos a la conducta de los mayores. Ellos pueden comprender que los regalos son un cohecho fácil y rápido, y que unas nalgadas dadas impulsivamente sólo representan un enojo pasajero, sin premeditación. Estas técnicas pudieran funcionar mientras su hijo permanezca a su lado, pero, ¿serían efectivas cuando usted no esté cerca de él? Imagínese por un momento que usted lleve a su niña al supermercado. Usted le promete dulces o castigo, según ella se comporte. ¿Cuál será su conducta cuando ella vaya con sus

amigas a la farmacia de la esquina, y usted no esté allí para premiarle o castigarle?

Desde luego, si usted está convencido de que premiarle con regalos es lo que funciona, entonces dele usted el mejor de todos, el que perdurará toda la vida:es la voz interior que la guiará a ella en su ausencia. Es el susurro en el oído de su hija de todas las exageraciones repetidas, ya sean para alentarla o desalentarla. Este regalo se llama CONCIENCIA. Es la guía que ella ansía tener para el momento en que necesite tomar decisiones en su enfrentamiento con la vida. ¡Qué confortable para ella saber que en algunas ocasiones no hay selección ni opción! ¿Qué mejor chaperona que esta voz? ¿No cree usted?

Tanto los regalos como los castigos son voces vanas, porque ellas pueden ser silenciadas fácilmente si su hijo piensa que el regalo no vale la pena, y que el castigo bien pudiera valerla. Pero su hijo no podrá apagar la voz de la conciencia SI usted ha implantado con efectividad en su mente a través de los años, lo que *exactamente* usted espera de él o de ella.

Usted puede, por supuesto, dejarle conocer sus expectativas *y* divertirse al mismo tiempo. Por ejemplo, una vez mi hija recibió varias calificaciones de "A" y una "B" en su reporte escolar.

Secretamente yo le puse una notita debajo del teléfono,(¡la cual ella encontró pronto!) alabando su "A" en la clase de inglés. La notita la dirigió a ella al tostador donde encontró otra notita felicitándola por su magnífico grado de "A" en matemáticas. De la misma forma mi hija fue encontrando notitas de congratulación por sus "A" por toda la casa, hasta que halló la última. Estaba bajo su almohada y expresaba mi inmenso placer por la "B" que ella había obtenido en ciencias. Esa notita reconocía y apreciaba su más difícil logro, y por esa notita yo recibí un gran abrazo. Desde entonces mi hija sabe que lo que más yo estimo es su esfuerzo personal, sea lo que sea.

Si usted no aprovecha algo de este libro, por lo menos entienda esto: su hija desea oírle, estar en *contacto* con usted. Cuando usted <u>hace</u> el tiempo para compartir sus juegos, para hablar con ella--ya sea acerca de un programa de televisión, o de su proyecto de ciencia, o simplemente para charlar de cosas insignificantes--usted le está dejando saber que ella vale su tiempo y su esfuerzo. Lo mismo ocurre con halagos y amonestaciones. Los regalos y los castigos no transmiten el sentimiento de lo importante que ella es para usted, al extremo de dedicarle toda su atención al hablar con ella y, sobre todo, ¡al escucharla!

Pudiera suceder que en alguna ocasión su hija o

usted misma, esté muy contrariada y enojada para hablar. Usted puede, sin embargo, desarrollar el hábito de escribirse recaditos una a la otra y pasarlos por debajo de la puerta de la recámara. Escribir los sentimientos propios le da a uno la oportunidad de ordenarlos. Leer una carta que usted ha recogido detrás de una puerta cerrada le permite reaccionar a su contenido en la intimidad de su espacio privado.

Si usted piensa que esas expresiones de emoción escritas son acaso un poco más que dramáticas, recuerde que es precisamente en este momento cuando se rompe la comunicación, que usted tiene que usar todo su ingenio para que el diálogo continúe. Mi hija y yo nos comunicamos en ocasiones de esta manera, cuando discutir personalmente no resuelve el conflicto. Algunos de nuestros momentos de más acercamiento han seguido al intercambio de estas notitas.

Esto es, exactamente, de lo que el REFUERZO EXAGERADO trata. Si uno responde a la conducta y creencias de su hija con palabras y acciónes exageradas que atraigan su atención le hará comprender que ella tiene su atención, y que siempre está a su lado para apoyarla.

Yo no puedo enfatizar suficientemente la importancia de establecer una comunicación clara y di-

recta entre padres e hijos. Si usted está tratando de explicar a su hija el peligro que implica a veces hablar con extraños, al mismo tiempo que usted hojea casualmente una revista, usted no logrará dejar en su hija la impresión de que este es un consejo de gran importancia que ella <u>debe</u> recordar. Pero si usted se coloca a nivel de su hija y le mira a los ojos mientras trata de hacerle entender la seriedad del mensaje, el recuerdo de la firmeza en su rostro y en el tono de su voz, permanecerá en su mente para siempre. Insisto, usted <u>debe</u> exagerar y repetir lo que usted espera de ella, así como determinar sus limitaciones en forma clara y convincente. Déjele saber, tan pronto como su hija sea capaz de comprenderlo, el orgullo que a usted le causan sus logros, y de otra forma, la decepción que usted sufre con la conducta desordenada de ella. Ningún regalo material es comparable a la satisfacción que experimentará su hija al hacer que usted se sienta orgullosa de ella. Por otra parte, una penitencia no puede igualarse al sentimiento devastador de haber fallado en lo que usted esperaba de ella.

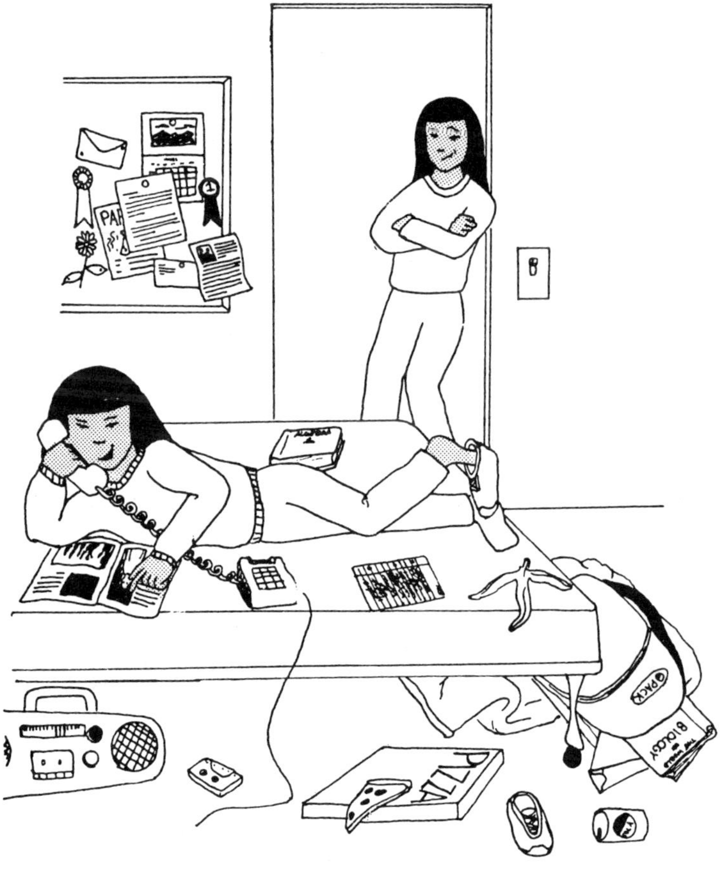
PAR
THE WORLD OF BIOLOGY
PACK
PIZZA

Capítulo Cinco

¿CUÁNDO? ¿CUÁNTO? ¿POR CUÁNTO TIEMPO?

Exagerar verbalmente sus valores a su hijo es más fácil cuando se empieza a una edad temprana. Esto es cierto por razones claras. Primera, usted tiene un público cautivo. Su niño, que apenas empieza a andar, depende completamente de usted, quiere y necesita su compañía la mayor parte del tiempo. Segunda, la exageración es lo que más atrae la atención de un niño pequeño. Así como el niño responde naturalmente a los colores chillones, a los ruidos fuertes y a los movimientos rápidos, él también responderá con rápidez a sus exageraciones verbales. Tercera,el mundo de su hijo es limitado en cuanto a selección si se compara con la que tendrá en los años siguientes. Muchos de los refuerzos suyos tratarán acerca de temas definidos, más negros y blancos que en años sucesivos. Las áreas pardas se filtrarán con el tiempo. Nosotros, como adultos, sabemos que las situaciones frecuentemente no son del todo claras. Pero, para una persona joven, estas dos categorías

fáciles de mal o bien proveer la adecuada selección para que él escoja.

Poco a poco su hijo aprenderá a reconocer esas áreas dudosas, y lo que es más importante, usted también. Usted le dirá a su pequeño, por ejemplo, que conversar con personas desconocidas es siempre peligroso. Sin embargo, en algún momento en el futuro a su hijo, ya mayor, se le permitirá preguntar a un peatón desconocido por direcciones, pues para entonces, él tendrá la capacidad para juzgar mejor a las personas y las situaciones en que se encuentre. De la misma forma, usted le hará saber a su pequeño que él siempre debe decir la verdad. Cuando él madure, en cambio, le aconsejará que en ocasiones es necesario ocultar la verdad, (aunque sin ser deshonesto), para evitar lastimar la sensibilidad de alguien. Por ejemplo, si la tía Margarita le regala a él por su cumpleaños un suéter que no es de su agrado, él debe agradecerle su atención sin demostrar desinterés ni mencionar su mal gusto e ignorancia de la moda.

La crianza de un niño incluye el arte de saber cuando ajustar gradualmente las riendas de la preocupación y control sobre él. Demasiadas advertencias y palabras de precaución que restringen la necesidad natural del niño de hacerse más independiente no dejarán que su hijo logre desarrollar la confianza en sí mismo. Sí, usted puede adver-

tirle que él nunca debe correr detrás de una pelota en la calle por el riesgo que esto implica, pero en cierto punto de su aprendizaje, usted le dejará recuperarla cuando él haya aprendido a cuidarse de los automóviles.

Con el transcurso de los años, usted tendrá que suavizar su actitud poco a poco en algunas situaciones que previamente provocaron respuestas exageradas. ¿Por qué? Porque si usted no discrimina entre lo que usted esté dispuesto a aceptar y lo que usted no tolerará, entonces sus exageraciones disminuirán en eficacia. Si usted reacciona frente a un cuarto desordenado o a un frasco que se ha dejado abierto con la misma intensidad que demuestra ante un robo o violencia, inmediatamente su hijo reconocerá que usted no sólo está exagerando sino sobrestimando la situación. Sus estallidos no discriminatorios cancelarán sus áreas de genuina preocupación.

Trate de dar prioridad a las cosas que usted encuentra más importantes. Es algo semejante a un acto de equilibrio para determinar lo que debe enfatizar y que aspectos no debe tocar. ¿Por qué pelear la decisión de su hijo de llevar un corte de pelo particular? Guarde sus objecciones para cosas más importantes, tales como insistir en que él no salga de su casa la noche antes de un examen difícil.

Usted necesitará ser más flexible y adaptarse a la creciente madurez de su hijo. Si usted constantemente le niega nuevos privilegios sin explicar la razón de su negativa, él pensará que para usted *todo* tiene igual importancia y por lo tanto, en lo siguiente, *nada* que usted diga o haga logrará un impacto sobre él. Compare sus estallidos exagerados a los diamantes: valen mucho más cuando hay muy pocos. Su hijo necesita dirección, fronteras y límites, pero él también necesita libertad para desarrollarse porque algún día él tendrá que tomar decisiones sin su consejo. Mantenga este ejemplo en su mente: una liga se estira, se alarga y se dobla, pero regresa a su posición original. Es imposible doblar o estirar una ramita pues se quebrará completamente si uno usa mucha presión. Asegúrese de que su relación con su hijo mantenga la elasticidad de una liga.

Desgraciadamente no existe el libro que le diga con exactitud cuándo y hasta qué punto debe usted insistir en la suave pero firme dirección de su hijo, ni tampoco encontrará impresas sus respuestas a la conducta de él. Pero usted estará más capacitado para enfrentar las situaciones si se mantiene constantemente en comunicación con su hijo y segura del camino que usted quiere que él siga. Reconozca el nivel de madurez de su hijo y las circunstancias que derivan de dicho nivel en cualquier momento. Por ejemplo, ¿no estaría

usted de acuerdo con que, ante la declaración de su hijo de doce años de edad, de que él no piensa asistir a la escuela, se responda con un estallido más exagerado de desaprobación que el que usted usaría con su hijo de diecisiete años, quien en un día tradicional ha decidido imitar a sus compañeros de clase no asistiendo a la escuela?

Habrá ocasiones, sin embargo, en que el mensaje que usted quiere hacer valer sigue siendo tan importante a la edad de diecisiete años como cuando él tenía doce años.

Por lo tanto, un poquito de creatividad en la exposición de su punto de vista le ayudará a evitar que sus palabras den la impresión de un *sermón*. Una vez yo asistí a un seminario acerca del daño que las drogas pueden causar al cerebro. Yo tomé copiosos apuntes, ansiosa de pasarle la información a mi hija adolescente, pero pronto me di cuenta de que ella hacia muecas con los ojos durante mi discurso. Entonces yo cambié mi plan dirigiéndole el mensaje totalmente a mi esposo, y contándole *a él* mis descubrimientos espantosos. Ni una vez siquiera me volví para mirar a mi hija, pero sí pude captar con el rabillo del ojo, su expresión de asombro. Acertar a oír esta conversación le dio oportunidad a ella de recibir la enseñanza sin estar bajo la presión sofocante de una madre excesivamente cuidadosa.

Las exageraciones necesariamente deben disminuir con el tiempo. Usted seguirá siendo la fuerza que dirige en la educación de su hijo, pero sus expresiones deben cambiar de verbales a una forma más delicada de comunicación, tales como una seña de aprobación con la cabeza, una sonrisa, una mirada con ceño desaprobador o un movimiento de cabeza. Estas distinciones delicadas llegarán a ser más claras para su hijo a medida que él madure lo suficiente para reconocerlas. Pero en los años tiernos un niño no tiene la capacidad para comprender estas delicadezas. Su capacidad de atención en esta etapa es breve, por lo que usted tendrá que exagerar repetidamente para ser notado, escuchado, entendido y recordado.

Capítulo Seis

¡MANTENGASE ALLI!

Educar a una hija para que ella desarrolle valores sanos es un trabajo de veinticuatro horas diarias. Es cierto también que es más fácil inculcar cualidades de excelencia cuando la persona es muy joven, porque según un niño va alcanzando madurez, todo lo que se le enseñó, se le sermoneó y se le enfatizó, será puesto en duda y atacado bajo la presión de sus amigos--una amenaza muy fuerte a todo lo que usted ha hecho para llevar a cabo su propósito. Si no se establece un fuerte sistema de valores antes de que su hija llegue a la secundaria, la probabilidad de dirigirla a través de esta etapa tumultuosa será lamentablemente combatida.

Usted será puesto a prueba dolorosamente, pero *¡NO SE DE POR VENCIDO!* En ninguna otra ocasión estará usted repitiéndose al enfatizar y declarar una y otra vez lo que usted ha dicho antes.

Declaraciones tales como "Yo no te crié para que

NSU

te comportes así," o "Jamás en *esta* familia..." pueden ser repetidas frecuentemente por usted. Si usted le ha servido de modelo enseñándole a ella desde una tierna edad cariñosa y consistentemente, usted todavía podrá cargar más influencia sobre ella que las amistades.

Aunque su hija parezca estar dividida entre los valores aparentemente aburridos y anticuados de su familia, y las alternativas excitantes de sus amigos, NO SE DEJE VENCER en situaciones que van contra todo lo que usted aprecia tanto. Usted también será bombardeada con tácticas de presión tales como: "Todo el mundo lo hace", o "Nadie tiene que hacer eso" y "Los padres de ella le permiten hacerlo." Usted sabe como debe responder a estos tipos de planteamientos. Aunque no será fácil, dígale a su hija firmemente lo que se permite y no se permite en su hogar.

Su éxito en darle a conocer sus sentimientos a su hija puede aumentar considerablemente si usted combina sus REFUERZOS EXAGERADOS con razones. Usted se sorprenderá de cuán comprensivos pueden ser los niños si se les explica el por qué de una decisión. Los jóvenes del octavo año en mi escuela secundaria, por ejemplo, se enojaron bastante al enterarse de que ir al baile de graduación en limosina estaba extrictamente pro-

hibido. Ellos pensaron que tal regla escolar era muy injusta, pero yo les expliqué a varios estudiantes que no era apropiado para jóvenes de catorce años, porque aquellos que no podían hacer el gasto se sentirían incómodos. Ellos no solamente aceptaron el punto de vista nuestro inmediatamente, sino que varios decidieron adoptarlo.

También ayuda a suavizar las restricciones el reconocimiento de que usted tiene confianza *en su hijo*, pero no en las circunstancias incontrolables alrededor de él. Su hijo tal vez quiera manejar en la noche una distancia larga por un barrio peligroso. Tome el tiempo para dejarle saber que usted *le considera* ser un chofer digno de confianza, pero que a usted le inquietan en extremo sus ausencias por la noche. El pudiera sorprenderle al final de la confrontación aceptando, aunque de mala gana, su decisión.

Ya en la secundaria, créalo o no, su trabajo más difícil habrá quedado detrás de usted *SI* usted ha estado trabajando diligentemente durante los años tiernos de su hijo. Usted habrá establecido la base de su conducta desde el tiempo en que él era pequeñito, manteniéndola con ajustes menores a lo largo del proceso de su crecimiento. Usted siempre estará allí para sostenerlo, pero con sus valores firmemente colocados en la mente de su hijo,

un recordatorio enfático deberá ser suficiente para lograr su propósito.

Yo apostaría que usted está moviendo la cabeza y pensando: "Esto es ridículo. Todo el mundo sabe que los años de la adolescencia son los peores." Pues yo tengo una noticia para usted. *Hay* padres que descubren que los años de secundaria son los más agradables que pueden pasar con sus hijos. La razón es que ese puede ser el tiempo en que ellos estén disfrutando el éxito de su cosecha. Y si usted ha hecho su tarea o no, considere esto: al empezar la secundaria, las ideas de su hijo adolescente acerca del bien y el mal, de lo que es y no es aceptable, estarán ya casi asentadas en su mente. *¿Serán esas ideas un reflejo de los valores que usted le enseñó?*

Capítulo Siete

¡TODO DEPENDE DE USTED!

Mientras guía a su hijo por el complicado orden de selecciones, debe ser aparente ahora que este es el momento en que usted tiene que delinear claramente lo que usted espera de él. Recuerde, *usted* es el mayor de edad, *usted* es el padre, y *usted* es quien está a cargo. Usted no es el amigo de su hijo. El ya tiene amistades de su misma edad. Lo que él necesita es alguien a quien pueda mirar con respeto y admiración. Usted es su guardián. Si él no encuentra dirección en usted, los amigos de él se la darán. ¿Está usted dispuesto a confiar la estructura de los valores de su hijo a los amigos de él? ¿Qué tipo de padres tienen sus amigos? ¡No les entregue el control a desconocidos!

La premisa de este libro da por cierto que usted no sólo está seguro de sus propios valores, sino que éstos también reflejan en general, aquéllos de la sociedad en donde usted vive, tales como la honradez, el ser buen trabajador, tener orgullo en

el cumplimiento de sus deberes y mostrar consideración hacia los demás. Mientras que nadie pretende que siempre abarquemos estos ideales completamente y en todo momento, se supone que estas son algunas cualidades que todos nos esforzamos por poseer. Este libro también espera, por supuesto, que usted quiera a su hijo y que desee usar su vida para guiarle y cuidarle. ¿Es esto una cosa ridículamente obvia? Pues, la ironía es que criar a un hijo, algo que puede considerarse como el mayor desafío del mundo, *debería* acercarse a un nivel muy primario. No complique lo que es esencialmente una relación pura entre padre e hijo. Si usted siempre se siente obligado a recurrir a las últimas teorías sobre como criar un hijo, usted podría terminar sacrificando sus respuestas naturales, las cuales muy a menudo son posiblemente mejores que todas las demás.

Criar un hijo contento, sano y responsable es uno de los empeños más exigentes. Precisamente, porque hay muchas fuerzas opuestas funcionando para desviarle de su propósito, usted debe tener suficiente energía y fuerza de voluntad para triunfar en el largo camino que tiene que recorrer. Por lo tanto, ¿puede imaginarse usted tratando de ser un padre efectivo sin el Refuerzo Exagerado para sostenerle a lo largo del camino?

Se supone que cada generación pasa sus tradi-

ciones, anécdotas y valores a sus descendientes. Sin embargo, alguna vez en la última generación muchísimos padres permitieron que este rito familiar se descontinuara. Quizás ellos pensaron que el código de ética de la familia era muy severo, y adoptaron una actitud más pasiva hacia la crianza de sus jóvenes. El resultado es que la cadena se ha roto y los niños de estos padres no tienen la menor idea de lo que sus padres esperan de ellos. Si es cierto que usted no sabe adónde va ni tampoco dónde estuvo, entonces no es sorpresa que su hijo tampoco tenga idea de qué valores deberá él impartirles a sus *propios* hijos.

Por lo tanto, para asegurar una transición continua de los valores de una generación a otra, es **absolutamente, positivamente imperativo que usted determine lo que usted cree que es bueno y lo que es malo. Después, asegúrese de que sus *creencias* pasen claramente a su hijo.**

Cuando usted use el Refuerzo Exagerado, usted estará transmitiéndole a su hijo los valores de nuestro pasado y el potencial de nuestro futuro. Usted estará dándole a él dos tesoros de incalculable valor que todo niño necesita: raíces y alas.